陕西高等职业教育
质量年度报告
2018

陕西省教育厅 编

西北大学出版社

图书在版编目(CIP)数据

陕西高等职业教育质量年度报告.2018 / 陕西省教育厅编. --西安：西北大学出版社，2018.10
　ISBN 978-7-5604-4270-9

　Ⅰ.①陕… Ⅱ.①陕… Ⅲ.①高等职业教育—教育质量—研究报告—陕西—2018　Ⅳ.①G718.5

　中国版本图书馆CIP数据核字(2018)第237116号

陕西高等职业教育质量年度报告.2018

编　　者：	陕西省教育厅
出版发行：	西北大学出版社
地　　址：	西安市太白北路229号
邮　　编：	710069
电　　话：	029-88303059
经　　销：	全国新华书店
印　　装：	陕西隆昌印刷有限公司
开　　本：	787mm×1 092mm　1/16
印　　张：	3.5
字　　数：	38千字
版　　次：	2018年10月第1版　2018年10月第1次印刷
书　　号：	ISBN 978-7-5604-4270-9
定　　价：	28.00元

本版图书如有印装质量问题，请拨打电话029-88302966予以调换。

前　言
FREFACE

2017年，陕西高职教育深入贯彻落实《国家中长期教育改革和发展规划纲要（2010—2020年）》，在陕西省委、省政府的正确领导下，按照教育部《高等职业教育创新发展行动计划》及陕西省《关于建设"一流大学、一流学科，一流学院、一流专业"的实施意见》等文件精神，以培养适应社会需求的高素质技术技能型人才为主线，不断深化教育、教学改革，推进产教融合、校企合作，提高人才培养质量，各高职院校服务经济社会发展能力和办学水平均有了明显提升。

为进一步提升专业服务产业发展能力，深化内涵建设，提高高职教育教学质量，为区域经济社会发展提供高素质技能型人才，按照教育部的统一要求，现以陕西省高职院校人才培养工作状态数据信息采集平台（以下简称数据平台）汇总数据为依据，进行数据统计分析，结合陕西省高职教育的实际情况，围绕"追赶超越"和"质量提升"两大主题，从基本情况、学生发展、教学改革、服务贡献、国际影响、政策保障、挑战与展望等七个方面，对陕西省高职教育的总体情况和院校特色进行总结，形成反映陕西省高等职业教育改革发展质量年度报告。

目　录
CONTENTS

一、基本情况　/ 001
（一）院校分布　/ 001
（二）院校类型　/ 001
（三）办学资源　/ 003
　　1. 基本条件　/ 003
　　2. 经费收入来源稳定　/ 004
　　3. 保障条件逐渐完善　/ 005
　　4. 教学资源不断丰富　/ 005

二、学生发展　/ 006
（一）招生情况　/ 006
（二）职业素养　/ 006
　　1. 技能大赛　/ 006
　　2. 文化育人　/ 007
　　3. 就业质量　/ 010
　　4. 职业发展　/ 010
　　5. 创新创业　/ 011

三、教学改革 / 013

（一）专业建设 / 013

1. 专业布局 / 013

2. 骨干专业建设 / 014

（二）课程建设 / 015

（三）师资队伍建设 / 016

1. 强化教师队伍建设 / 016

2. 发挥名师引领作用，促进职教师资水平提升 / 016

3. 加大师资培养力度 / 017

4. 技能大师工作室建设 / 017

（四）信息化建设 / 019

1. 基础设施日渐完善 / 019

2. 信息化资源逐年增加 / 019

3. 信息化教学水平不断提升 / 021

四、服务贡献 / 022

（一）产教融合 / 022

1. 生产性实训基地建设 / 022

2. 虚拟仿真中心及协同创新中心建设 / 023

3. 职教集团建设 / 023

（二）深化校企合作 / 024

（三）拓展社会服务功能 / 025

（四）助力扶贫攻坚战略 / 027

五、国际影响 / 030

（一）国际交流与合作 / 030

1. 拓展中外合作领域的深度和广度 / 030

2. 搭建师生双向交流学习平台 / 030

（二）服务职教"走出去"战略 / 031

（三）国际技能大赛获奖 / 032

六、政策保障 / 034

（一）政府统筹 / 034

（二）质量保证 / 034

（三）院校治理 / 035

（四）经费保障 / 037

七、挑战与展望 / 038

（一）问题导向 / 038

　　1. 发展环境及产教融合有待进一步优化 / 038

　　2. 教学改革及师资培养力度待进一步加强 / 038

　　3. 质量保证体系及诊断改进体系有待完善 / 038

（二）创新发展 / 039

　　1. 深化国际合作交流，提升国际影响力 / 039

　　2. 加大信息化建设力度，提升办学现代化水平 / 039

　　3. 加强科研创新水平，提升社会服务能力 / 040

附表1　计分卡 / 041

附表2　资源表 / 041

附表3　国际影响表 / 041

附表4　服务贡献表 / 045

附表5　落实政策表 / 045

一、基本情况

陕西省高职院校各类全日制在校生 303 418 人，校均 8 200.49 人，居全国第 4 位；专任教师总数 13 213 人，校均 357.11 人，居全国第 6 位。

（一）院校分布

陕西省共有 38 所高职院校，分布在全省所有 10 个地市（全覆盖），其中省会西安市较为集中，共 21 所，占总比的 55.23%；其他各地市分别为：咸阳市 6 所，宝鸡市、汉中市、渭南市各 2 所，安康市、商洛市、铜川市、延安市、榆林市各 1 所（图 1-1）。

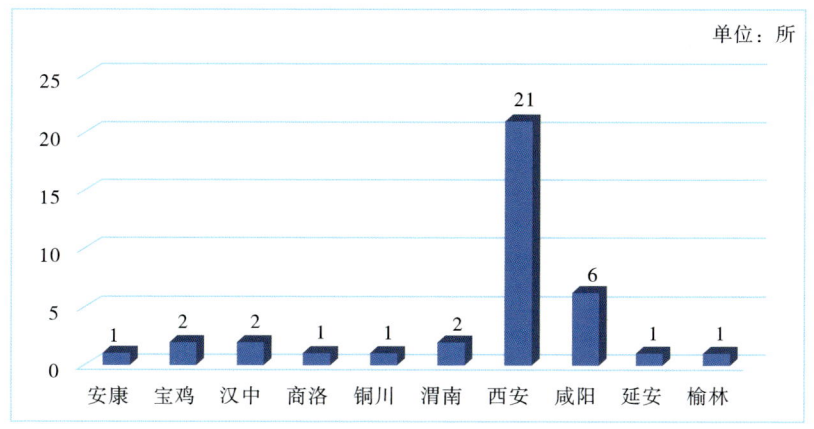

图 1-1　陕西省高职院校分布图（按所在地市分布）

（二）院校类型

陕西省高职院校中公办院校 29 所，占总数的 76.32%；民办院校 9 所，占总数的 23.68%（图 1-2）。按举办主体分类：陕西省教育厅直属高职院校12所，占总数的31.58%；行业或其他部门举办的高职院校6所，占总数的15.79%；市属高职院校11所，占总数的28.95%；社会资本举办的高职院校9所，占总数的23.68%（图1-3）。按示范性分类：国家示范高职院校3所，国家骨干高职院校3所，各占总数的7.89%；省级示范院校12所（包括立项建设尚未经过验收的4所院校），占总数的31.5%。按院校类型分类：综合院校13所，占总数的34.21%；理工院校15所，占总数的39.47%；财经院校6所，占总数的15.79%；农业院校、医药院校、政法院校、艺术院校各1所，分别占总数的2.63%。按照《关于做好高等职业教育创新发展行动计划（2015—2018年）任务（项目）申报工作的通知》（陕教高办〔2016〕41号），陕西省教育厅遴选确定了12所高职院校为"国家优质专科高等职业院校"立项建设院校（表1-1）。

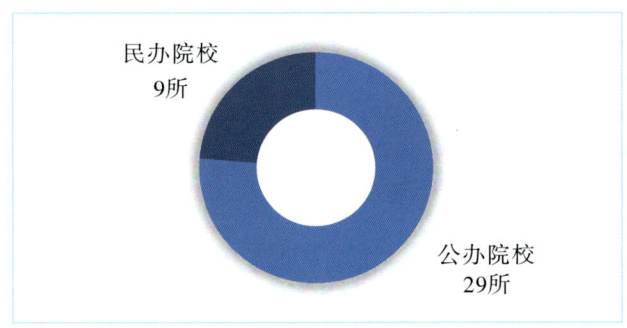

图1-2 陕西省高职院校分布图（按办学性质分类）

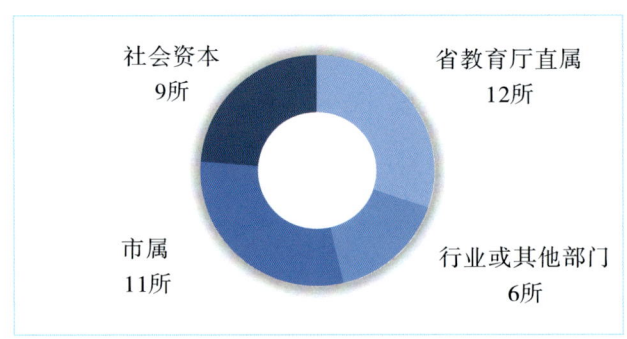

图1-3 陕西省高职院校分布图（按办学主体分类）

表1-1 陕西省"国家优质专科高等职业院校"立项建设院校
（XM-3 优质专科高等职业院校建设项目）

排序	学校
1	陕西工业职业技术学院
2	杨凌职业技术学院
3	西安航空职业技术学院
4	陕西铁路工程职业技术学院
5	陕西国防工业职业技术学院
6	陕西职业技术学院
7	西安铁路职业技术学院
8	咸阳职业技术学院
9	延安职业技术学院
10	陕西交通职业技术学院
11	陕西能源职业技术学院
12	渭南职业技术学院

（三）办学资源

1. 基本条件

2017年，陕西省高职院校5项基本办学资源和6项检测办学资源指标均达到国家合格标准。其中，除生师比等3项指标与2016年基本持平外，其余指标均有所提升，且生均教学科研仪器设备值等6项指标增幅较大（表1-2）。

表1-2 陕西省高职院校办学基本条件一览表

序号	指标名称	单位	2017年数据	2016年数据	合格指标
1	生师比	—	16.04	16.08	18
2	具有研究生学位教师占专任教师的比例	%	46.62	43.59	15
3	生均教学行政用房	平方米/生	20.71	18.25	16
4	生均教学科研仪器设备值	元/生	13 027.17	9 590.51	4 000
5	生均图书	册/生	80.01	73.28	60

续表

序号	指标名称	单位	2017年数据	2016年数据	合格指标
6	具有高级职务教师占专任教师的比例	%	29.02	28.68	20
7	生均占地面积	平方米/生	75.83	65.67	59
8	生均宿舍面积	平方米/生	10.16	8.56	6.5
9	百名学生配教学用计算机数	台	23.38	22.28	10
10	新增科研仪器设备所占比例	%	14.45	11.82	10
11	生均年进书量	册	5.55	0.47	2

2. 经费收入来源稳定

2017年,陕西省全省高职院校经费收入总额为57.63亿元,相较2016年减少了5.95亿元;全省平均经费收入总额为1.58亿元;生均经费数为21 185.97元,相较2016年减少了3 228.03元。

全省高职院校经费收入中,中央、地方财政专项投入共计13.04亿元,占总收入比例的22.71%(图1-4);学费收入共计20.43亿元,占总收入比例的35.58%;财政经常性补助共计20.40亿元,占总收

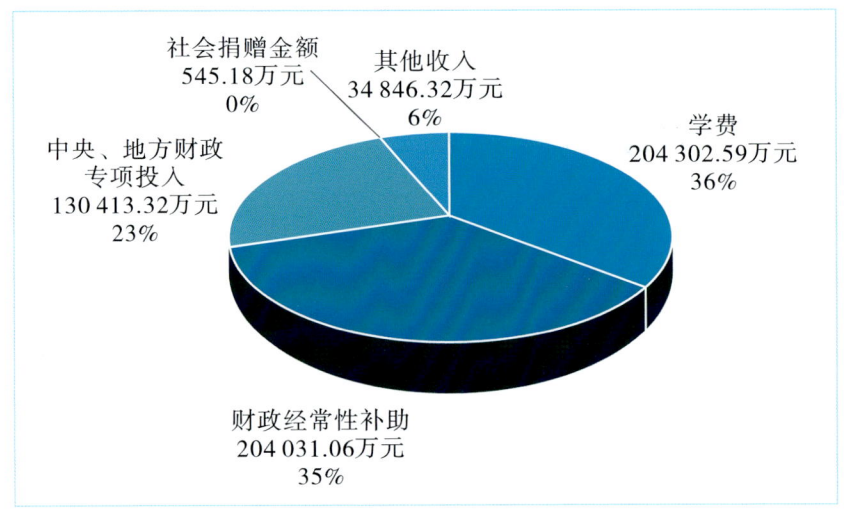

图1-4 陕西省高职院校经费收入结构图

入比例的 35.54%；社会捐赠金额共计 545.18 万元，占总收入比例的 0.09%；其他收入 3.48 亿元，占总收入比例的 6.07%。与 2016 年相比，学费收入增加了 7 308.7 万元，增幅 3.71%；中央、地方财政专项投入减少了 2.51 亿元，减幅 16.13%；财政经常性补助基本持平。

3. 保障条件逐渐完善

2017 年，陕西省高等职业院校占地总面积 1 792.88 万平方米，相较 2016 年（1 720.02 万平方米）增加了 72.86 万平方米，增幅 4.24%；建筑总面积 966.99 万平方米，增加了 50.38 万平方米，增幅 5.50%；教学行政用房总面积 474.89 万平方米，增加了 23.90 万平方米，增幅 5.30%；生均占地面积 75.83 平方米，相较 2016 年（65.67 平方米）增长了 10.16 平方米，增幅 15.45%；生均教学行政用房面积 20.71 平方米，相较 2016 年（18.25 平方米）增长了 2.46 平方米，增幅 13.48%；生均产权校舍建筑面积 10.16 平方米，相较 2016 年（8.56 平方米）增长了 1.60 平方米，增幅 18.70%。

4. 教学资源不断丰富

2017 年，全省高职院校生均教学科研仪器设备值为 13 027.17 元，比 2016 年（9 590.51 元/生）提高了 3 436.66 元，增幅为 35.83%；百名学生配备教学计算机数为 23.38 台，百名学生配备多媒体教室和语音实验室座位数为 128.11 个，相较 2016 年稍有提高；新增科研仪器设备所占比例为 14.45%，与 2016 年相比增长了 2.36%。

馆藏纸质图书总册数为 2 168 万册，比 2016 年的 2 051 万册新增了 117 万册；生均图书为 80.01 册，比 2016 年生均图书 73.28 册增加了 6.73 册。

二、学生发展

（一）招生情况

2017 年陕西省高职院校计划招生总数为 113 728 人，实际录取数为 134 925 人，录取率为 84.29%，相较 2016 年（94.83%）下降了 10.54%；实际报到人数为 117 439 人，实际报到率为 87.04%，相较 2016 年（88.99%）下降了 1.95%。

2017 年陕西省高职院校为继续推动考试招生制度改革，实行普通高考招生和基于高考的"文化素质＋职业技能"评价方式两种分类招生制度。2015 年通过分类考试录取的学生占高职院校招生总数的一半左右，2017 年成为高职院校招生的主渠道。分类考试招生工作已成为推进陕西省招生制度改革的重点和亮点。

（二）职业素养

2017 年，陕西省高职院校坚持依托文化育人于无形，凭借立德树人于点滴，弘扬工匠精神，充分发挥技能大赛的引领作用，全方位提升育人水平，提高学生的综合职业素养。

1. 技能大赛

2017 年，陕西省高职院校在全国职业院校技能大赛中获奖 86 项，其中一等奖 9 项，二等奖 30 项，三等奖 47 项，获奖数量居全国第 10 位，总体排名连续 3 年快速提升；首次承办国家技能大赛 2 项，实现陕西省承办国赛零的突破（图 2-1）。陕西工商职业学院、陕西艺术职业学院等办学较年轻的高职院校在 2017 年国赛中表现突出，陕西工业职业技术学院获奖数量位列全国第三、中西部省区第一（图 2-2）。

图 2-1 陕西工业职业技术学院承办"光伏电子工程设计与实施"国赛

图 2-2 陕西工商职业学院杨延岚同学参加西餐服务赛项获全国一等奖

2. 文化育人

以文化校园建设为载体,充分发挥文化育人功能。通过统筹校园文化设施建设、创新校园文化活动载体、培育优秀校园文化成果、持续强化精神文明建设,探索校园文化建设长效机制,打造校园文化的核心竞争力。全面贯彻党的教育方针，落实立德树人的根本任务，发展素质教育，培养德智体美全面发展的毕业生。

由教育部关工委、中华全国总工会宣教部和陕西省教育系统关工委联合主办的"大国工匠进校园"活动陕西首场在陕西工业职业技术学院进行（图2-3），活动以"弘扬工匠精神，提升职业素养"为主题，邀请不同行业的技能大师走进校园，展示工匠精神，引导学生提升综合素养，成为工匠精神的传承者和弘扬者。

图2-4为西安铁路职业技术学院读书活动月场景。

图2-3 "大国工匠进校园"活动陕西首场在陕西工业职业技术学院进行

图2-4 西安铁路职业技术学院读书活动月场景

案例:"立德树人"——"追赶超越、争创一流,为陕西工业职业技术学院打 CALL"

陕西工业职业技术学院以"立德树人"论坛作为全面提升教书育人、管理育人、服务育人、环境育人的意识和工作水平的有效载体,每年举办一次,每届以不同的主题开展研讨,已连续举办五届。2017年"立德树人"论坛的主题为"追赶超越、争创一流,我为陕西工院打 CALL"。同时,该院还将"立德树人"论坛深化为全院加强和改进思想政治工作、强化校园文化育人功能的系列举措,先后组织开展了"三走进"暑期调研,"追赶超越、争创一流,我为学院发展建言献策"大讨论,师生"同读《习近平的七年知青岁月》""中国梦·工院情"书画摄影艺术展等系列活动,在师生中普及理想信念教育、社会主义核心价值观教育和"我的中国梦"主题教育,将思想政治教育贯穿于教育教学与管理服务的全过程,贯穿到学生培养和教师发展的全过程,深化思想政治教育的贴近度与鲜活力。

案例:杨凌职业技术学院启动实施"传统文化经典晨读朗诵"工程

杨凌职业技术学院于 2017 年创造性地提出"经典晨读"教育活动,印发了《杨凌职业技术学院关于开展"经典晨读"活动的通知》,编写出版《中华经典晨读百篇》,师生人手一册,要求大一、大二学生每天早晨第一节课前 10 分钟,由领读者带领全班同学进行中华经典晨读,每周 1 篇,每篇晨读 1 周,让学生在朗读中体会中国传统文化的博大精深。中华经典晨读活动与学生所学专业结合,陶冶了学生的思想情操,丰富了立德树人的工作内容,坚定了师生文化的自信,提升了校园文化的品位。

3. 就业质量

截至 2017 年 9 月 1 日，陕西省高职院校应届毕业生共计 86 608 人，就业率为 89.11%。应届毕业生月均收入为 2 863 元，毕业生对母校满意度为 90%，雇主平均满意度为 93.56%。与 2016 年就业指标数据（表 2-1）对比，毕业生收入、母校满意度、雇主满意度均逐年提高，毕业生就业岗位与专业相关度逐年契合。例如，西安铁路职业技术学院毕业生的专业相关度 2015 年为 87.32%，2016 年为 88.00%，2017 年为 90.31%，均高于全国高职院校 62.00% 的平均值。部分专业如高速动车组检修技术、机电一体化技术、铁道机车车辆、城市轨道交通工程技术、铁道车辆等专业相关度均超过 95.00%。

表 2-1　陕西省高职院校 2016 年及 2017 年计分卡

序号	指标	单位	2016 年	2017 年
1	就业率	%	85.3	89.11
2	月收入	元	2 796	2 863
3	理工农医类专业相关度	%	85	86
4	对母校满意度	%	89	90
5	自主创业比例	%	3	1.92
6	雇主满意度	%	91	93.56
7	毕业三年职位晋升比例	%	32.29	38.96

4. 职业发展

根据对毕业生的跟踪调查，陕西省高职院校毕业生职业发展良好，毕业三年职位晋升比例达到 32.44%。

案例：西安铁路职业技术学院毕业生焦小康荣获"全路技术能手"称号

西安铁路职业技术学院 2015 届毕业生焦小康，在西安铁路局延安工务段工作，两年多来，严格要求自己，刻苦钻研，参加各级各类大赛，成绩突出。2016年5月参加本段防洪知识竞赛获得第一名，2016年8月参加本段线路工技能竞赛获得第二名，2016年12月参加本段防寒知识竞赛获得第一名，2017年7月参加本段技能竞赛获得第二名。他爱岗敬业，踏实肯干，2016年获得段和局"优秀团支部书记"和"新长征突击手"荣誉称号。2016年10月参加西安铁路局线路工职业技能竞赛获得团体第三名；2017年8月参加西安铁路局工务处技能竞赛获得团体成绩第二名及个人综合成绩第三名，被授予"全局技术能手称号"。2017年9月参加西安铁路局第五届职业技能竞赛获得铁路线路工专业第二名，再次被授予"全局技术能手"称号。2017年9月在中国铁路总公司第五届全国铁道行业职业技能大赛中获得铁路线路工第十名的好成绩，被铁路总公司授予"全路技术能手"荣誉称号。

5. 创新创业

2017年陕西省高职院校毕业生中自主创业比例为3.00%，相较2016年略有提升。各高职院校通过修订完善人才培养方案，设置创新创业专门学分和职业规划与就业指导，将创新创业教育、职业规划与就业指导融入人才培养过程中。同时，以"互联网+"创新创业大赛为抓手，继续推进创新创业试点院系建设项目，2017年新增12个创新创业试点院系，分层实施，重点突破，实现以赛促教、以赛促学、以赛促练、以赛促创，全面深化创新创业教育改革。杨凌职业技术学院和陕西铁路工程职业技术学院获国赛铜奖，实现了"互联网+"创新创业大赛国赛奖零的突破。

案例：陕西铁路工程职业技术学院毕业生王刘勋入选2017年第七届陕西大学毕业生建功立业先进事迹报告团

王刘勋，2003年毕业于陕西铁路工程职业技术学院，现为中铁一局集团四公司副总工程师兼四川省甘孜藏族自治州农村通乡公路指挥部部长,先后参加了都汶高速、映汶高速、桃巴公路、雀儿山隧道、甘孜藏族自治州农村通乡公路等项目建设,获全国青年岗位能手、中国中铁十大杰出青年、中国中铁劳动模范、陕西省劳动模范等荣誉称号,入选2017年第七届陕西大学毕业生建功立业先进事迹报告团。

案例:杨凌职业技术学院毕业生刘君创办的公司2017年获陕西省明星创业企业称号

刘君,中国民营企业西北分会副会长,杨凌亿霖园林工程有限公司总经理。刘君2013年毕业于杨凌职业技术学院生物工程学院现代园艺技术专业,创办杨凌亿霖园林工程有限公司。公司与12家合作社合作,惠及360多户,为200多人提供了就业岗位,帮扶贫困大学生6名,帮扶贫困户34户。2016年杨凌亿霖园林工程有限公司获得杨凌示范区明星创业企业称号,2017年获得陕西省明星创业企业称号。

案例:依托创新类社团,培育知名创客项目

陕西工业职业技术学院实施大学生创新创业工程,设立40万元学生创新基金,陆续建成了由学生自主经营的校内连锁营运体验店、淘宝创业工作室、小麦公社、京东派、咖啡屋、服装设计自营店等。该院物流管理学院创新创业团队获批2017年陕西省"高校共青团员先锋岗(队)",是全省11个入围团队中唯一的高职院校团队。通过组建科技创新类社团26个,学生通过协会申报专利30多项,先后涌现出机械创新小组、智能微电网工作室、新能源协会、"C+创能空间"等一批在校知名创客项目。

三、教学改革

（一）专业建设

1. 专业布局

陕西省的 38 所高职院校共开设专业 306 种，校均 27.05 种，专业在校生平均规模 294.91 人。根据国家教育规划纲要精神及陕西省"十三五"经济发展规划的产业发展布局需求，主动面向区域支柱产业、重点产业发展和经济社会紧缺人才需求，统筹陕西省高等职业学校专业建设布局和发展规模，设置专业动态调整机制，有针对性地调整和设置专业，促使专业设置与产业发展有效衔接，专业规模与区域经济社会发展需求相适应，提升专业服务产业的能力。

陕西省高职院校开设的专业覆盖全部高职教育的 19 个专业大类，其中土建大类、制造大类、电子信息大类、财经大类专业数量较大，这与陕西省产业发展规划布局相适应。专业大类分布如图 3-1 所示。

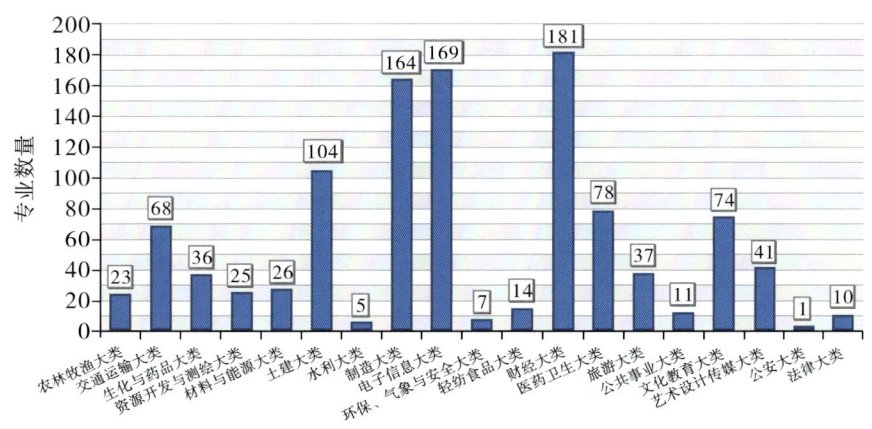

图 3-1　陕西省高职院校设置专业所属专业大类分布图

专业布局紧紧围绕陕西省国民经济和社会发展第十三个五年规划纲要中重点发展产业需求调整专业结构，其中：面向现代农业的专业24个，占专业总数的2.05%；面向能源化工产业的专业115个，占专业总数的9.85%；面向装备制造、交通运输业的专业272个，占专业总数的23.29%；面向新兴产业的专业169个，占专业总数的14.47%；面向传统产业的专业211个，占专业总数的18.07%；面向服务业的专业377个，占专业总数的32.27%（图3-2）。整个高职教育专业布局适应陕西经济社会发展的需要。

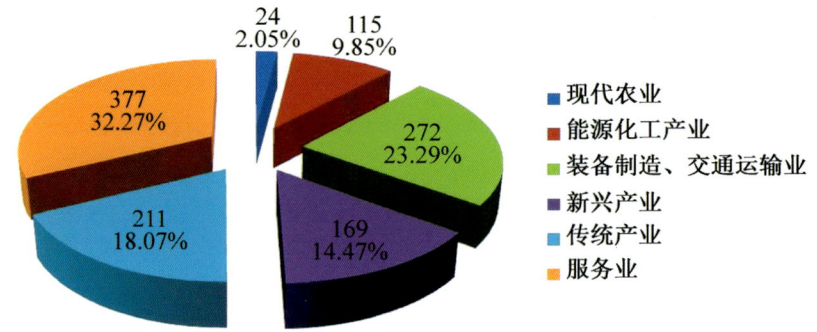

图3-2 高职院校专业面向陕西重点发展产业的分布情况

2. 骨干专业建设

陕西省建成国家级示范高职院校国家级重点专业30个，国家级特色专业12个；在建国家骨干高职院校国家级重点专业14个，国家级特色专业7个；省级高职教育重点专业239个，其中国家级重点专业33个，省级重点专业206个。在国家示范及省级重点专业建设、配套建设完成中央财政支持专业提升产业服务发展能力项目的基础上，主动面向区域支柱产业、重点产业发展和经济社会紧缺人才需求，遴选38个专业启动实施省级高等职业院校专业综合改革试点项目，立项建设117个。

骨干专业开设订单班245个，订单班学生7 481人。2017年度骨干专业招生人数为41 906人，在校生人数为130 615人，毕业生人数为43 627人，已就业人数为42 439人，就业率为97.3%。建设骨干专业校内实训基地 1 914 个，占地面积为 1 357 815.84 平方米，合作企业 1 869 个，提供实训工位 70 723 个。与一汽大众、中铁一局集团有限公司、欧姆龙公司、亿滋中国等 191 家企业开展现代学徒制培养学生 5 697 人。骨干专业中学生在国家级职业院校技能大赛中获奖 167 项，获奖 397 人次；在省级技能大赛中获奖 441 项，获奖 1 341 人次。

（二）课程建设

以培养学生职业能力、职业道德及可持续发展能力为基本点，融入创新创业教育，构建起以职业能力培养为本位的专业课程体系；以信息化技术为推手，积极参与国家级专业教学资源库和精品在线开放课程建设，形成课程、教材、数字化等资源。2017 年陕西省共建设省级精品在线开放课程 58 门（图 3-3），涵盖各大专业门类，资源数量 26 364 条，资源容量 840G，教师用户 493 人，学生用户 45 224 人，社会用户 2 687 人，用户访问量达到 1 035 724 人次。其中专业核心课程最多，达到 37 门，占比为 63.79%。

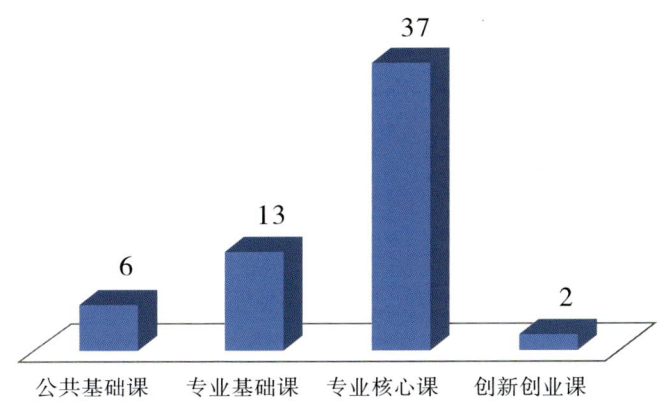

图 3-3　省级精品在线课程分布情况

从美、德、英、日等国家学习和引进国际先进成熟适用的职业标准 14 项、专业课程 146 门、教材 211 本和数字化教育资源 39 个。专业课程涵盖旅游大类、交通运输大类、材料与能源大类、资源开发与测绘大类、土建大类、制造大类、电子信息大类、财经大类等专业门类。

（三）师资队伍建设

1. 强化教师队伍建设

陕西省全省高职院校共有教职工 21 312 人，专任教师 13 213 人，占 63.04%；兼职教师 4 871 人，占 16.04%；校平均生师比例达到 16.04，教师队伍结构进一步优化。各高职院校围绕培养、引进、使用、发展四个环节，深入实施人才强校战略，目前高级职称教师占专任教师的比例为 29.02%，逐步建立了以教师教学能力发展为主，专业实践能力和研究能力发展为两翼的师资队伍建设框架。双师素质教师占专任教师的比例为 34.19%；研究生学历或硕士以上学位教师占专任教师的比例为 46.62%（图3-4）。

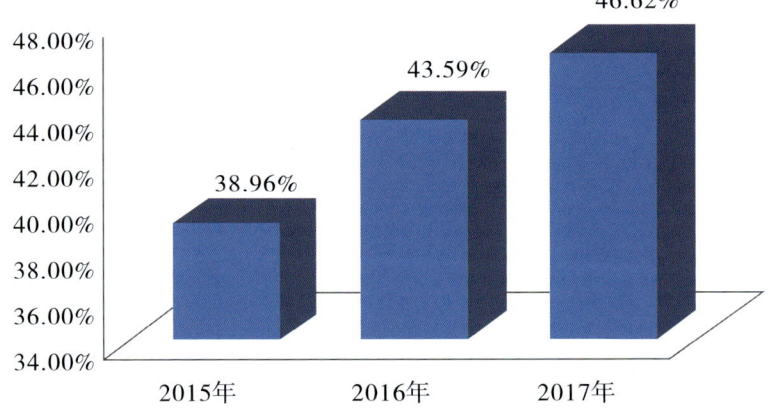

图3-4 近三年来高职院校研究生学历或硕士以上学位教师占比情况

注重教师技能的提升，鼓励教师到国内外重点高校继续深造，出台学历、技能提升相关政策支持，在科研经费启动、学位奖励等方面给予优惠支持，年度高职院校教师到 41 个国家和地区的 90 个机构及 64 所高等院校开展合作交流项目，外派教师 373 人次。

2. 发挥名师引领作用，促进职教师资水平提升

积极贯彻全国教育工作会议精神，结合区域产业结构调整和优化升级的需求，实施"陕西高校教学名师引领计划"，完善教学名师

"培育—选拔—应用"机制，打造在国内外具有重要影响的大师级教学领军人物。陕西省目前有国家级教学名师 14 名（国家万人计划教学名师 1 名），省部级以上教学名师 141 名。通过名师的辐射带动作用，推动高职教师素质与教育、教学水平的整体提高。

3. 加大师资培养力度

陕西省各高职院校充分发挥高层次人才的示范、引导和传、帮、带作用，形成科学的教师培养梯队，通过采用"以老带新"的形式到企业生产一线实践锻炼等措施，迅速提升青年教师的教学业务能力和实践动手能力。本年度有 22 所院校建立了以老带新的青年教师培训机制，新老教师结对数量达到 1 303 对。11 所院校制定"双师型"教师标准，年度"双师型"教师认定人数达到 658 人。

各院校特别注重骨干专业教师的技能提升和培养，本年度有 2 123 名骨干教师参加国家级、省级培训项目。骨干专业专任教师数量达到 4 236 人，其中"双师型"教师数量为 3 111 人，占比 73.44%。与合作企业进行教师工程实践能力锻炼，有计划地参与企业的技术攻关、科技推广、技术服务等工作，骨干教师的技术服务能力有了大幅度的提升，对外社会培训达到 264 529 人·天，技术交易到款金额 570.178 万，横向技术服务到款金额 1 340.06 万，纵向科研经费到款金额 842.35 万，授权专利 189 个。

4. 技能大师工作室建设

陕西省全省高职院校把指导学生顶岗实习的企业技术人员纳入兼职教师管理范围，兼职教师人数 16 200 人。在院校内部建立企业技能大师工作室，充分发挥高技术、高技能人才的示范和引领作用。本年度有 6 所院校建立了 6 个技能大师工作室，技能大师数量为 12 人（表 3-1）。完成了工作制度、资金管理制度、技能团队的组建、培养传承人的确定等工作，并已经开展技术交流及培训等社会服务工作。

表 3-1　陕西省高职院校技能大师工作室建设一览表

序号	大师工作室名称	所属院校	大师姓名
1	曹晶数控技能大师工作室	陕西工业职业技术学院	曹晶
2	凤翔泥塑工作室	宝鸡职业技术学院	胡新明　胡琛　邰伟　胡晓红　张峰　茹振乾　雪彩娟
3	叱培洲焊接技能大师工作室	陕西铁路工程职业技术学院	叱培洲
4	玉雕技能大师工作室	陕西艺术职业学院	寻琇琳
5	阚有波大师工作室	西安航空职业技术学院	阚有波
6	钢雕焊书大师工作室	延安职业技术学院	苗晓峰

图 3-5～图 3-8 为陕西省高职院校技能大师各工作室照片。

图 3-5　曹晶数控技能大师工作室　　图 3-6　叱培洲焊接技能大师工作室

图 3-7　宝鸡凤翔泥塑工作室　　图 3-8　国家教学名师工作室

（四）信息化建设

1. 基础设施日渐完善

陕西省高职院校建立了基础校园网，平均网络带宽不断升级，高于全国平均比率。92% 的高职院校建设了无线网络，25% 的高职院校实现了校园内无线网络的全覆盖，47% 的高职院校建立了校园一卡通，与全国平均水平相比保持领先地位。

以"打造数字化环境，构建数字化资源，提供数字化手段"为目标，陕西省高职院校校园构建多媒体教室和标准化视频监控考场，有效地解决了数据共享、资源共用、渠道共通的问题。部分院校建成涵盖教学资源、管理资源及服务资源三层架构的资源平台和集多项应用功能为一体的信息服务平台。

鼓励和提倡教师使用智慧职教平台中的云课堂平台，通过在线预习、网络签到、实时交互、混合式教学及课堂分析完成教学过程数据的实时采集分析。另外，通过平台开展公选课程的网络课堂教学管理，引入优质教学资源，实现学生学习过程的实时跟踪、分析、考试和考勤，教学效果明显提升。

中央及各级行政部门财经拨款、院校自筹经费共计 1.2 亿元，推动落实《职业院校数字校园建设规范》，建设高等职业教育人才培养工作状态数据管理系统，全省 19 所高职院校将信息技术应用能力作为教师评聘考核的重要依据。

2. 信息化资源逐年增加

陕西省高职院校 2016 年度参与、建设职业教育专业教学资源库 17 个，2017 年度增加了 3 个，涵盖课程 119 门，教师用户 2 779 人，学生用户 65 522 人，企业用户 3 171 人，社会用户 2 208 人（图 3-2），总访问量 940 606 次，点击总次数 10 502 374 次，累计使用 287 563 小时，交流互动 204 183 次。

表 3-2 为陕西省高等职业教育专业教学资源库项目表。

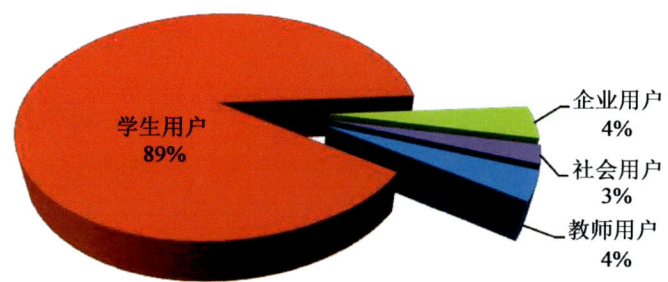

图 3-9 资源库信息资源用户情况

表 3-2　陕西省高等职业教育专业教学资源库项目名单

序　号	主持单位	专业名称
GZ-1601	陕西铁路工程职业技术学院	地下与隧道工程技术
GZ-1602	杨凌职业技术学院	水环境监测与治理
GZ-1603	陕西工业职业技术学院	机械制造与自动化
GZ-1604	陕西工业职业技术学院	电子信息工程技术
GZ-1605	陕西铁路工程职业技术学院	铁道工程技术
GZ-1606	杨凌职业技术学院	审计
GZ-1607	陕西能源职业技术学院	煤化工技术
GZ-1608	陕西交通职业技术学院	新能源汽车技术
GZ-1609	陕西国防工业职业技术学院	机械产品检测检验技术
GZ-1610	陕西交通职业技术学院	智能交通技术运用
GZ-1611	陕西国防工业职业技术学院	精细化工技术
GZ-1612	陕西财经职业技术学院	财务管理
GZ-1613	陕西职业技术学院	旅游管理
GZ-1614	陕西航空职业技术学院	飞机电子设备维修
GZ-1615	西安航空职业技术学院	空中乘务
GZ-1616	延安职业技术学院	石油化工技术
GZ-1617	陕西旅游烹饪职业学院	中西面点工艺
GZ-1701	杨凌职业技术学院	食品营养与检测
GZ-1702	陕西铁路工程职业技术学院	土木工程检测技术
GZ-1703	陕西交通职业技术学院	城市轨道交通机电技术

3. 信息化教学水平不断提升

陕西省高职院校按照"完善环境—拓展应用—深度融合"的三段式发展思路，开展省级信息化教学大赛。在全国职业院校信息化教学大赛高职组比赛中，陕西省高职院校获一等奖 2 项、二等奖 3 项、三等奖 9 项，获奖数量居全国第 12 位，陕西省教育厅获最佳组织奖，实现了历史性突破。图 3-10 展示了西安职业技术学院教师参加 2017 年全国职业院校信息化教学大赛决赛的风采。

 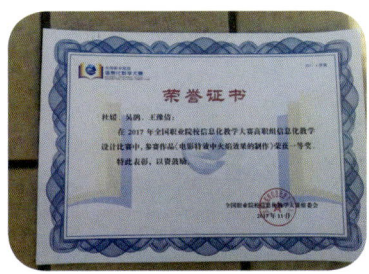

图 3-10 西安职业技术学院教师参加 2017 年全国职业院校信息化教学大赛决赛

> **案例：西安职业技术学院以信息化教学竞赛为抓手，推进课程信息化教学改革**
>
> 西安职业技术学院以创新发展和网络信息技术发展为契机，深入推进课程建设与改革，继续推进基于信息化的课程教学设计工作，将课程建设成果落实到课堂教学层面。各专业采用工学交替、任务驱动、项目导向、工作室等教学做一体化教学模式，加强课程教育手段与现代信息技术的融合，充分利用多媒体技术、网络课堂、虚拟仿真等现代教育手段，采用案例分析、情境教学、研讨式或自主探究等先进教学方法，突出教学的生动性、直观性、交互性、高效性，积极开展混合式教学改革与尝试。通过组织开展微课、信息化教学等各类竞赛提升了教师的教学设计能力和教育、教学水平。2017 年该院教师获得省级信息化教学大赛一等奖 5 项、国家级信息化教学大赛一等奖 2 项。

四、服务贡献

（一）产教融合

1. 生产性实训基地建设

本年度陕西省 25 所高职院校与 149 家企业共建生产性实训基地 97 个，总面积达 2 779 977 平方米，提供实训工位 26 829 个。生产性实训基地专职教师 1 263 人，兼职教师 931 人，兼职教师中企业技术人员达到 770 人，占比高达 82.7%。生产性实训基地开展职业技能鉴定工种 189 项，开展职业技能鉴定 29 364 人，为社会开展专业技术技能培训 138 866 人次。生产实训基地社会服务方面，技术成果转化 52 项，产品、服务收入总额 13 531.93 万元。

> **案例：校企合作稳步推进，合作成果再次绽放**
>
> 西安航空职业技术学院与陕西国一四维航测遥感有限公司 2013 年合作至今，共同建成"陕西省测绘地理信息从业人员职前培训生产性实训基地"，"航测订单班"已经成立五届，为国一四维培养了 40 名优秀毕业生。该院 3 名教师和 37 名摄影测量与遥感技术专业学生先后参与了 G6 线国家高速公路格尔木至那曲段的勘察测量项目。在项目完成过程中，该校学生不畏艰苦，克服高原气候，于 2017 年 11 月圆满完成了格尔木至那曲段的航飞外业相片控制点勘察任务，得到了企业的充分肯定。图 4-1 和图 4-2 分别为该院无人机测量小组以及勘查测量项目团队照片。

图 4-1 无人机测量小组　　　　　图 4-2 勘查测量项目团队

2. 虚拟仿真中心及协同创新中心建设

陕西工业职业技术学院、陕西铁路工程职业技术学院、杨凌职业技术学院以及西安航空职业技术学院与正泰电气有限公司、西安铁路局工务机械段、兰州铁路局机械段、西安空工西航机械厂、北京灵境视景科技有限责任公司合作，建设机械制造虚拟仿真实训教学中心、大机综合仿真实训中心、电气工程虚拟仿真实训中心、隧道与桥梁工程虚拟仿真实训中心，虚拟仿真中心涵盖专业23个，开设实训项目270个，本年度开设实训总学时10 200学时，虚拟仿真软件数量20套。实训条件得到了改善，实训效果得到了提升。

以市场为导向多方共建应用技术协同创新中心，陕西省17所院校启动协同创新中心建设项目25个，承担省级以上科研项目共计10项，承担横向科研项目26项，项目到账金额686万元。其中，陕西铁路职业技术学院BIM技术研究中心承担的20项横向科研项目，授权专利19项，到款610万，占全省项目数量的76.9%，到账金额的88.9%。

3. 职教集团建设

近年来陕西省出台了一系列现代职业教育政策文件，积极推动校企合作办学，鼓励企业职工参加职业技术培训，支持校企共建共享生产性实训基地、产品研发中心和科技创新中心；严格落实企业参与职业教育的税收优惠政策，政府可通过购买服务、专项补贴、奖励等方式支持企业开办职业院校；要求企业将开展职业教育的情况纳入其社会责任报告；鼓励职业院校师生将拥有知识产权的技术开发、产品设计等成果作价入股企业；探索职业教育集团治理结构，推动国有大中型企业牵头组建职业教育集团，创建了一批示范性职业教育集团。

> **案例："全国机械行业材料成型与控制技术职业教育集团"成立**
>
> 陕西工业职业技术学院牵头组建的全国机械行业材料成型与控制技术职业教育集团于 2016 年 10 月正式成立。由该院牵头组建的陕西装备制造业职业教育集团正在积极创建全国示范性职业教育集团，不断探索深化校企合作、集团化办学新模式。2017 年 5 月，学院依托行业发展，携手全国 26 个省、市、自治区的骨干企业和行业院所等 402 家成员单位，牵头成立了以"跨界、融合、协作、共赢"为宗旨的"校企协同育人战略联盟"，为校企合作搭建了更广阔的平台。

（二）深化校企合作

结合现代学徒制试点工作，做大做实与世界知名跨国公司开展的"订单班"，加大与合作企业在共建实训室、专业和课程开发、双师型教师培养方面的力度；重视与"一带一路"沿线国家企业的合作，继续寻求与世界知名企业建立校企合作关系；紧随国家产业输出，实施毕业生境外企业就业和跨国企业员工来校短期培训项目，实现对外合作教育的新突破。陕西高职院校秉承高职教育服务地域经济与产业发展的责任使命，依托重点建设职业教育师资培养基地和骨干专业师资条件的优势，面向社会及国外企业提供员工技能培训，取得了丰硕的成果。

> **案例：杨凌职业技术学院走出国门服务"一带一路"**
>
> 杨凌职业技术学院与俄罗斯库尔斯克州大地农业开发公司及中国杨凌俄罗斯库尔斯克州农业科技合作园签订合作备忘录。根据《备忘录》，该院将对中国杨凌俄罗斯库尔斯克州农业科技合作园建设进行

技术指导；在中国杨凌俄罗斯库尔斯克州农业科技合作园，对俄罗斯库尔斯克州大地农业开发公司及该州地区农业园区职业农民进行涉农技术培训；在俄罗斯库尔斯克州大地农业开发公司建立学院现代农业技术培训基地。

（三）拓展社会服务功能

陕西省高职院校积极履行社会责任，发挥各自优势，面向企业职工、事业单位员工、现役军人、退役士兵及农村劳动力等不同行业的人员开展形式多样的职业技能培训，有效地提升了各类从业人员的职业技能水平。数据显示，2017 年度，19 所院校面向行业企业开展继续教育培训，其中学历教育培养 14 481 人次，非学历教育培训 139 934 人次，为终身教育体系构建和学习型社会建设提供了重要支撑，社会效益良好。

各高职教育将以实施《高等职业教育创新发展三年行动计划》为契机，响应国家"走出去"发展战略，拓宽对外交流合作的内容和形式，将培训输出作为对外合作交流的主渠道，输入技能培训和学历职业教育。2017 年，陕西省高职院校与"一带一路"沿线国家在国（境）内开展国际合作，其中陕西工业职业技术学院、陕西交通职业技术学院到"一带一路"沿线国家办学，在国内为沿线国家开展学历教育培养学生 481 人，开展培训 230 人次；在国外为沿线国家开展技能培训 867 人次，为周边国家培养了熟悉中华传统文化及当地经济发展急需的技术技能人才。

各高职院校发挥特长优势，面向周边社区积极开展"关爱孤寡空巢老人"志愿活动、重阳节送温暖、老年艺术课程培训、扶贫义诊、书画大赛、旗袍秀等社区教育和老年教育活动 37 项，共有 30 525 人参与活动，为社区居民提供了有效帮助，丰富了社区居民的业余生活。

案例：陕西工业职业技术学院承担陕西益秦集团服装技术与管理培训

陕西工业职业技术学院于2017年6月至12月历时六个月，为陕西益秦集团举办服装技术管理业务培训班两期，共计培训来自西安、宝鸡、渭南、延安等十余所监区干警100名。结业学员每人完成培训心得1篇、论文1篇，制作服装作品8件、结业作品1件。学员业务能力和实践操作水平有明显提升，成为企业生产的骨干（图4-3）。部分学员还利用所学在本单位为干警、职工及服刑人员举办培训班，使得培训效果得到更好的延伸和辐射。

图4-3　学员结业作品展示第一期培训合影

（四）助力扶贫攻坚战略

一年来，陕西省教育厅切实增强政治意识、大局意识、核心意识、看齐意识，将思想和行动统一到中、省的决策和部署上来，充分发挥高职院校的教育人才和资源优势，以助力产业发展为主线，将开展产业扶贫培训作为高职院校践行社会服务职能的重要内容，全身心投身产业脱贫攻坚战，共同构建政府、院校、群众"三位一体"的产业扶贫生态体系，取得了阶段性的成果。

精确施策，积极与地方政府对接，认真开展需求调研，细致调查摸底，弄清地方产业发展和群众的需求"菜单"，制定符合实际的培训方案。组织高校结合自身优势与群众实际需要，开发满足群众需求的培训项目，强化针对性；组织高校选派高水平师资，深入田间地头、厂矿车间（表4-1），手把手开展培训，确保培训实效，重点做好家庭困难群众的培训。特色产业培训工作开展一年来，取得了经济效益和社会效益"双丰收"。

表4-1　职业院校农民培训基地名单

序号	学校名称	共建单位名称	所在市县
1	杨凌职业技术学院	镇巴县职业中学	汉中市镇巴县
2	杨凌职业技术学院	商南县职业教育中心	商洛市商南县
3	陕西工业职业技术学院	新建中等职业技术学校	安康市汉滨区
4	西安航空职业技术学院	商南县东正化工有限责任公司	商洛市商南县
5	西安航空职业技术学院	岚皋县职业教育中心	安康市岚皋县
6	西安医学高等专科学校	镇安县职教中心	商洛市镇安县
7	陕西交通职业技术学院	镇安县职业教育中心	商洛市镇安县
8	商洛职业技术学院	镇安县职教中心	商洛市镇安县
9	汉中职业技术学院	镇巴县职业中学	汉中市镇巴县

> **案例：杨凌职业技术学院"四大举措助力教育扶贫，彰显农业职教办学特色"**

　　率先实施农民学历教育，圆了农民的"大学梦"。在2017年5月16日举行的杨凌职业技术学院与陕西省眉县人民政府校县合作签字仪式上，55名眉县职业农民和村干部喜领《杨凌职业技术学院录取通知书》。这意味着每年都会有一批来自全省的职业农民和村干部踏入杨凌职业技术学院校门，开始他们梦寐以求的大学生活。农民学历教育班成为杨凌职业技术学院教育扶贫的重要途径。

　　建立职业农民培育学院，让更多农民拥有一技之长。杨凌职业技术学院积极探索职业教育办学新模式，先后在陕西省富平、杨凌、彬县、洛川、镇坪、周至、眉县、麟游、旬邑、太白等10个县区建立了职业农民培育学院。通过加强校地合作，开展职业农民培训，造就了一批有文化、懂技术、会经营的新型职业农民，使其成为带领当地农民致富奔小康的"领头羊"。

　　结对帮扶贫困县，为地方发展注入了强劲的动力。宝鸡市太白县鹦鸽镇棉寺坝村是杨凌职业技术学院包抓结对的贫困村。采取群众"点菜"、学院"端菜"的方式，根据村上的实际情况和村民的迫切需求，分别设立了果树、蔬菜、药材、养殖、植保5个专业小队，组队带着现代农业科技下到基层一线，送到村民家里，因户施策，精准扶持，通过不同"菜单"弥补贫困家庭脱贫致富能力的"营养缺失"。

　　设立玉树、果洛水利订单班，服务水利事业科学发展。在水利部、青海省玉树藏族自治州与杨凌职业技术学院的共同推动下，杨凌职业技术学院与青海省玉树藏族自治州、果洛藏族自治州政府签订水利人才订单班培养协议，根据藏区实际，在课程设置、生活安排、学习方式上给予特别安排，每年将为当地定向培养水利专业人才，解决当地水利人才资源匮乏这一"老大难"问题。

案例：安康职业技术学院主动承担社会责任，服务脱贫攻坚战

安康职业技术学院发挥地方高职院校的办学优势，按照"企业+合作社+贫困户"的模式，签订三方协议，定点采购贫困户的农副产品5 000余公斤，助推贫困村合作社发展和贫困户增收。该院发挥安康"安康和汤：绿茶冲泡新技能"专利技术和师资优势，积极探索"金融（贷款）+职业农民培训+就业创业"的扶贫路子，与陕西省石泉县联合开展产学研示范基地和实体项目建设，推广该项技术，助推县区茶叶产业及相关产业发展，服务县区精准脱贫。

案例：陕西铁路工程职业技术学院推进基础建设扶贫工程，筑牢扶贫攻坚根基

陕西铁路工程职业技术学院在陕西省洋县交通运输局挂牌设立"洋县基础设施建设技术服务站"，为洋县交通系统道路建设工程、城建系统农村房屋安全性鉴定工作等基础设施建设提供技术服务人员保障。该院选派建筑工程系骨干教师挂职洋县住建局质量监督中心，协助质监站对贯溪镇等43个行政村300多户贫困户进行了危房鉴定；选派3名骨干教师赴洋县交通局对接洽谈乡村道路及国道改建设计施工项目，并到洋县槐树关镇北梁村踏勘路线，采集地形数据，完成了北梁村通村公路设计工作；选派骨干教师在洋县交通运输局挂职开展技术扶贫，帮助完成设计图纸的审查和工程预算核算及现场技术指导，节约成本10余万元。

五、国际影响

近年来,陕西省高度重视并大力发展国际教育交流与合作,全省高职院校在国际化学生培养、国际院校合作、引入国际先进标准、教师国际培养、与跨国公司合作共育人才以及服务企业"走出去"等方面取得了一定的成效,并积极探索新的合作模式和培养工作,进一步推进了陕西省高职院校办学国际化,提高了人才的培养水平和质量。

（一）国际交流与合作

1. 拓展中外合作领域的深度和广度

2017年,陕西省高职院校深挖现有项目潜力,搭建优质合作平台,拓宽合作领域,在师生国际化培养、优质教育资源引进、"一带一路"项目建设等方面亮点突出,在海外办学、留学生招生等方面实现新的突破。

2. 搭建师生双向交流学习平台

陕西省高职院校继续加强与国（境）外教育机构的交流合作,依托世界职业院校联盟、联合国教科文组织国际职业教育与培训中心、中德高等职业教育合作联盟、中国—东盟轨道交通培训联盟等平台,参与世界职业教育政策对话;通过师生交流、教师访学、创新创业教育、学术科研合作、学生联合培养、国际技能大赛合作、海外办学、"一带一路"教育援助等近60个项目加强交流与学习。陕西工业职业技术学院与德国BSK国际教育机构联合培养德制硕士学位应用型工程师,陕西铁路职业技术学院"高端技能型、应用型人才联合培养百千万交流计划"以及陕西交通职业技术学院中德职业教育汽车机电合作、中韩联合培养应用型本科人才等国际性项目，培养具有国际水准的高水平工程师，为教师发展、学生成长搭建国际化交流平台。

（二）服务职教"走出去"战略

陕西省高职院校积极响应国家"一带一路"发展战略和参与"走出去"项目，与俄罗斯、新加坡、马来西亚、柬埔寨、印度尼西亚、波兰等6个"一带一路"沿线国家的10多所高校建立了合作关系，开拓了新领域。陕西工业职业技术学院、杨凌职业技术学院、陕西铁路工程职业技术学院、西安航空职业技术学院等院校先后派遣40多人次参与"走出去"项目，开展国际交流合作培训。西安航空职业技术学院参与肯尼亚师资培训项目，当地职业院校自动化控制专业教师进行低压电气控制、电工基础、PLC技术应用、变频器技术应用等方面的理论和实操培训；陕西工业职业技术学院牵头开发"走出去"教学标准制定；杨凌职业技术学院主动融入杨凌"一带一路"国际农业创新中心，开展国际合作与技术交流，为中亚国家举办农技人员培训近300人。通过该项目，打造了陕西高职教育的国际品牌，较好地服务"一带一路"国家战略和国际产能合作，扩大了陕西高职办学的国际影响力。

案例：陕西工业职业技术学院职业教育"走出去"

陕西工业职业技术学院是开展职业教育"走出去"项目试点院校，项目启动以来，积极参与筹备在赞比亚建设一所职业技术学院。先后派出2名院领导赴赞开展职业教育"走出去"调研，派出5名专业教师赴赞为中国有色矿业集团等中资企业200余名员工开展技术技能培训。同时，牵头开发培训教材和其他教学资源，制定了一套可输出的教学标准。在校内培养、储备了一支赴赞比亚开展教学培训任务的师资队伍。筹备招收驻赞中资企业赞方员工子女来华学习，为在赞比亚建成的职业技术学院培养赞方员工和教师。围绕"走出去"赞比亚项目组建研究团队，开展课题研究。

案例：陕西铁路工程职业技术学院赴肯尼亚蒙内铁路进行员工技术培训

陕西铁路工程职业技术学院派出四批34人次教师组成专家团队，赴肯尼亚蒙内铁路进行员工技术培训，承担了工务、通信、信号及供电等四个专业的培训任务，培训员工2.9万人日，拓宽了职业教育国际化的新渠道，提升了学院的国际影响力（图5-1）。

图5-1　陕西铁路工程职业技术学院肯尼亚培训项目

（三）国际技能大赛获奖

2017年，陕西工业职业技术学院、西安航空职业技术学院、陕西交通职业技术学院3所职业院校参加6项国际技能大赛，共获得一、二、三等奖16项。图5-2~图5-4为其参赛成果的展示。

图5-2　学生赴俄罗斯参加国际服装设计大赛

图 5-3　师生赴中国台湾参加彰化国际青少年发明展

图 5-4　在美国参加第八届蓝桥杯大赛（国际赛）获得二等奖

六、政策保障

（一）政府统筹

教育部出台的《高等职业教育创新发展行动计划（2015—2018年）》，计划三年总投资7.08亿，全面推进陕西省高职优质资源建设，增强办学活力，加强技术、技能积累，完善质量保障机制，提升思想政治教育质量，为职业教育的发展指明了方向、提供了依据。陕西省委、省政府高度重视职业教育，根据国家"双一流"建设方案，提出了"四个一流"实施计划，提出在陕西建成3所、培育5所国内一流高职院校。陕西省教育厅相继出台了《陕西省教育事业发展"追赶超越"工作方案》《关于建设"一流大学、一流学科，一流学院、一流专业"的实施方案》《关于加强校企合作促进科技成果转化 助力追赶超越的指导意见（试行）》等10余项政策文件，对高等教育工作提出指导性意见并做出具体部署，大力支持高等职业教育的改革与发展。

在"三年行动计划"实施情况的检查和督促方面，陕西省教育厅委托陕西省职业技术教育学会聘请全国知名专家，对陕西承接的教育部《高等职业教育创新发展行动计划（2015—2018年）》任务（项目）进行了评审、备案，对陕西省承担任务（项目）的高职院校进行了中期检查，督导其按时间节点和计划完成建设任务，开展后续建设，保证计划顺利实施。

（二）质量保证

2017年6月，教育部职成司发布的《关于全面推进职业院校教学工作诊断与改进制度建设的通知》（教职成司函〔2017〕56号），推动高职教育创新发展；推动高职教育"管办评"分离，加强事中、事后质量监管；推动高职院校切实履行教育教学质量保证主体责任，持续提升技术、技能人才的培养质量。全省各高职院校按照教育部的统一部署，全面开展教学诊改制度建设。

通过全省质量保证体系建设和全面推进诊改，陕西省高职院校建立和完善了学院内部质量保证体系。陕西工业职业技术学院作为教育部诊改试点院校及全国首轮教学工作诊改现场调研院校之一，诊改试点工作获得了教育部专家组的高度评价，诊改方案已公布在全国诊改网站供全国高职院校借鉴；陕西铁路工程职业技术学院参加了全国试点院校内部质量保证体系建设培训会，先后组织了80多人次赴省外参加体系建设诊改会议，邀请院外专家举办诊改专题报告会，汇编印发系列诊改学习材料，组织开展院内诊改系列专题研讨会。陕西交通职业技术学院自从承担内部质量保证体系诊断与改进试点工作以来，构建了内部质量保证体系，建立常态化人才培养质量自主保证机制，大力提升学校信息化管理水平，树立现代质量文化，实现全员全过程全方位育人，持续提高人才培养质量。

（三）院校治理

在实现院校治理能力方面，陕西省教育厅以持续推进《职业院校管理水平提升行动计划（2015—2018年）》为主要工作抓手，全面贯彻落实《教育部关于深入推进教育管办评分离　促进政府职能转变的若干意见》《教育部全面推进依法治校实施纲要》《高等学校章程制定暂行办法》等文件精神，加大对高职院校加快推进内部治理体系与治理能力现代化试点单位的支持，在政策、资金、项目等方面予以倾斜，及时帮助解决改革中遇到的困难和问题，为试点单位推进改革创造有利条件，不断提高陕西高职院校管理工作规范化、科学化、精细化水平，提升职业院校依法治校意识，完善管理制度，加快实现学校治理能力现代化。

为强化过程管理，陕西省教育厅建立行动计划实施进展情况通报和重大问题限期整改报告制度，视情组织专项督查，同时将高职院校管理水平和质量作为职业教育省级以上项目评审和资金分配的重要参考因素。全省职业院校认真贯彻落实"一章八制"各项任务，制定并完善了大学章程和高校党委领导下的校长负责制、教职工代表大会、学术委员会、理事会、教师申诉等相关制度，确立了党委对学院工作的全面领导，确保院长在职权范围内独立负责行政工作、学术委员会协助教学科研工作、教代会民主监督全院管理工作、职业教育集团指导校企合作育人工作，形成既分工明确又相互合作的体制格局和制度框架，以法治的思维和要求，进一步建立完善现代大学制度，推进高校治理体系和治理能力现代化。

案例1：

陕西铁路工程职业技术学院坚持和完善党委领导下的校长负责制，强化党委的领导核心作用，支持院长依法独立负责地行使职权，发挥好把方向、抓大事、谋全局的作用。抓好党委领导班子自身建设，提高领导班子决策水平。

案例2：

陕西工业职业技术学院出台《"健全学校自主发展、自我约束运行机制"管办评分离试点项目实施方案》，成立由院长担任组长的管办评分离试点项目工作领导小组，对试点项目负总责。建立试点工作落实问责机制，对于试点工作不力的部门，将追究主要负责人的责任，院级领导应及时掌握工作的进度、质量和效果，以加快推进工作进程和落实到位，确保试点取得明显成效。

案例 3：

西安铁路职业技术学院始终把提升治理能力作为引领推动改革发展的重要引擎，通过完善《学院学术委员会章程》《学院教职工申诉规定》《学院学生申诉管理规定》和《二级学院党政联席会议制度》等制度，不断坚持依法治校，加强班子建设，深化内部诊改，优化内涵管理，强化队伍建设，不断完善学院规章制度建设，着力提升治理能力和现代管理水平。

（四）经费保障

为贯彻落实《国务院关于加快发展现代职业教育的决定》（国发〔2014〕19号），财政部、教育部《关于建立完善以改革和绩效为导向的生均拨款制度　加快发展现代高等职业教育的意见》（财教〔2014〕352号），陕西省建立完善了高职院校生均拨款制度，覆盖全部所属公办高职院校，年生均财政拨款水平应当不低于12 000元。2017年，陕西省高职院校生均财政拨款达到21 185.97元，经费支出总额939 963.10万元。

七、挑战与展望

（一）问题导向

1. 发展环境及产教融合有待进一步优化

陕西省全省高职院校的整体发展水平还不均衡；一些高职院校办学定位及特色不鲜明；由第三方机构发布专业设置预警信息的机制还未建立；部分院校的专业布局还不能紧密对接区域社会经济的发展要求，人才培养质量还不适应地区经济发展的新要求。高职院校要进一步优化专业结构，大力推进特色专业建设，密切与行业企业间的融合交流，关注产业新动态、新技术、新要求，加强横向课题研究，参与、服务企业技术革新与攻坚，扩大学院的办学知名度。

2. 教学改革及师资培养力度待进一步加强

随着高职生源结构的变化，信息时代下的新型大学生对信息化资源和信息化教学手段的使用具有较高的认可度，传统教学内容、教学模式与教学方法已经不能适应信息时代的要求；创新型社会不仅对学生的创新能力提出了较高的要求，更对教师在专业领域的业务能力提出了严格要求；产业升级对课程设置、教学内容提出了新要求，对教学改革力度、教学改革方法、教学改革内容、教学改革手段提出了新挑战。人才培养从教育理念、师资队伍建设、教学方式、竞争方式等方面都受到了前所未有的挑战。

3. 质量保证体系及诊断改进体系有待完善

推进内部质量保证体系诊断与改进工作是当前高职院校面临的重要问题。高职院校必须适应教育管办评分离的要求，切实履行质量主体责任，自我确立目标和标杆，明确目标和标准，建立常态化的自我诊断与改进机制，完善教学质量内控机制，建立毕业生质量持续跟踪服务机制，借助外部评价和专业认证在质量保证中的作用，提高人才培养质量。

（二）创新发展

1. 深化国际合作交流，提升国际影响力

经济全球化和"一带一路"国家战略的实施，进一步推动了高职院校的国际化进程；国际化办学发展扩宽了职业教育的办学渠道，是我国高职院校自我发展的客观要求。国际化给职业教育提出挑战的同时也带来了机遇，对高职院校的办学提出了更高的要求。陕西省部分院校在院校互访、师生国际交流、参加国际技能大赛、职业教育"走出去"等方面取得了一定的成效，但与职业教育国际化发展的需要还有一定的距离，下一步要在招收国外留学生上取得突破，继续加大与"走出去"企业合作，以企业人员技术培训、海外人才培养为切入点，积极参与国（境）外教育服务市场竞争，设立国（境）外培训点，选派师生赴"走出去"企业开展技术服务。发挥高职院校在人才培养、技术培训等方面的优势资源，选择类型相同、专业相近的国（境）外高水平院校开展联合办学，逐步建立教师交流、学生交换等合作。重点建设一批高水平高职院校和一批高水平骨干专业，着力打造一批全国一流、国际有影响的卓越高职院校。

2. 加大信息化建设力度，提升办学现代化水平

加快数字化校园建设步伐，以云计算、大数据技术和无线网络等为依托，促进信息技术与教育教学深度融合，实现信息管理智能化，打造以学习者为中心，拥有高效校园管理、智能教学过程的创新型智慧校园。建成服务门户平台、教务和教学等综合管理应用系统；促进数据标准化建设，实现数据融合、共享；出台健全数据资源、网络安全技术及管理制度，提高网络使用效率、服务质量和安全水平。加大多媒体、网络教学终端等现代教育教学技术建设及应用力度。推动基

于互联网、云资源技术的科研协作、继续教育和培训平台建设；利用网络媒体拓宽信息公开的途径和范围；加大数字图书馆、档案数字化建设力度；全面推进人事、财务、后勤、资产、学生、保卫等部门信息化应用平台建设，整合、提升管理效率和信息化水平。

加大信息化教学质量标准建设及教学资源开发，建设一批院内精品在线开放课程资源库；启动网络在线教学平台建设，逐步建成课程网站、个人空间和学习平台；做好教师混合教学能力培训，提升教师信息化教学能力，推动教学模式和学习方式的变革，引导教师利用信息技术创新教学模式，采用翻转课堂、混合式教学等多种方式用好优质信息化教学资源；加强信息化教学平台的运行监管。

3. 加强科研创新水平，提升社会服务能力

陕西省高职院校整体的科研创新与社会服务能力都还有较大的提升空间，为企业服务的综合能力还显不足，高质量的科研成果不多，科技开发、应用技术类研究项目的比例偏低，应用技术成果转化程度较低。陕西省将进一步推动高职院校以名师、教授、博士为主体的高水平科研创新团队建设，加强同类专业高职院校与本科院校的对接，利用本科院校科研团队带动高职院校的科研水平。密切学校与企业的联系，在校企合作、人才培养、教师实践能力提升、社会服务等方面进一步发挥作用。发挥好职教集团的平台作用，充分利用"政府—科研院所—学校—企业"共建的科技平台，积极面向陕西省各类企业开展技术服务，加强与相关行业企业的密切联系，促进研究成果的推广与应用。

附表1 计分卡

序号	指标	单位	2016年	2017年
1	就业率	%	85.3	89.11
2	月收入	元	2 796	2 863
3	理工农医类专业相关度	%	85	86
4	对母校满意度	%	89	90
5	自主创业比例	%	3	1.92
6	雇主满意度	%	91	93.56
7	毕业三年职位晋升比例	%	32.29	38.96

附表2 资源表

序号	指标	单位	2016年	2017年
1	生师比	—	16.08	16.04
2	双师素质专任教师比例	%	49	47.38
3	生均教学科研仪器设备值	元/生	9 590.51	13 027.17
4	生均教学及辅助、行政办公用房面积	平方米/生	18.25	20.71
5	生均校内实践教学工位数	个/生	0.74	0.49
6	校园网主干最大带宽	Mbps	1 000	1 500
7	教学计划内课程总数	门	20 898	23 878
	其中：线上开设课程数	门	500	1447

附表3 国际影响表

序号	指标	单位	2016年	2017年	备注
1	全日制国（境）外留学生人数（一年以上）	人	8	8	—
2	非全日制国（境）外人员培训量	人日	1 542	35 998	—

续表

3	在校生服务"走出去"企业国（境）外实习时间	人日	781	8 651	—
4	专任教师赴国（境）外指导和开展培训时间	人日	904	4 070	—
5	在国（境）外组织担任职务的专任教师人数	人	15	20	杨华、袁丰华、钟敏维在俄罗斯太平洋国际时装周组委会担任评委；胡蓉在波兰服装设计师大赛组委会担任评委；何静、秦伟繁在秦枫国际学院担任外文教师；王闯在荷兰Elsevier担任审稿人；李运通在美国数学学会《数学评论》担任评论员；冯居秦在第三届世界中医药学联合会美容专业委员会担任副会长；王景洪、杨国峰、王建军在第三届世界中医药学联合会美容专业委员会担任常务理事；杨妮、孙艳丽在第三届世界中医药学联合会美容专业委员会担任理事；安学武在俄罗斯《伏尔加河流域交通学报》担任编辑；魏文萍在俄罗斯远东区第五届世界技能大赛"教师技能大赛"决赛中担任评委；朱智在俄罗斯远东区第五届世界技能大赛"汽车维修与养护"项目中担任评委；任加维在俄罗斯远东区第五届世界技能大赛"移动机器人"项目担任评委；任军战在美国迈阿密达德孔子学院担任授助教师；薛莲在美国加州长滩州立大学担任客座教授。

续表

6	开发国（境）外认可的专业教学标准和课程标准数	个	1	50	有色金属行业职业教育"走出去"教学标准被有色金属行业职业教育"走出去"试点院校认可；SGAVE人才培养方案被中国、德国认可；铁路工务、通信、信号和供电四个专业的教学标准和39门课程标准被肯尼亚RTI铁路培训学院认可；《世界中医美容高等职业教育标准》项目被国家卫计委、国家中医药管理局、世界中医药学联合会美容专业委员会认证通过并予以发布；铁道车辆、铁道供电、铁道机车、铁道交通运营管理、铁道工程技术专业教学标准和课程标准被俄罗斯圣彼得堡国立交通大学认可。
7	国（境）外技能大赛获奖数量	项	7	27	王媚在俄罗斯"皮克马里翁杯"国际青年设计师服装设计大赛中获得优秀奖；李冠博在俄罗斯"皮克马里翁杯"国际青年设计师服装设计大赛中获得特别奖；原智斌在2017年第2届香港HKIE国际发明创新创业展中获得银牌奖；王阿香在2017年中国台湾国际发艺美容美睫美甲造型比赛中获得特优奖；王赵香在中国台湾彰化美甲美睫大赛中获得特优奖；刘真在中国台湾国际时尚造型设计大赛中获得铜牌；赵苏涛、杨金城、李瑶在海峡两岸职工创新成果展中获得金奖；李雄义在第44届世界职业技能大赛（花艺）中国选区艺术插花中获得第16名；张普等在2016年美国大学生数学建模竞赛（MCM）中获得二等奖；雷朝等在2016年美国大学生数

续表

| | | | | | 学建模竞赛（MCM）中获得三等奖；温瑞鹏等在2016年美国大学生数学建模竞赛（MCM）中获得三等奖；胡朋玉等在2017年美国大学生数学建模竞赛中获二等奖；郑达等在2017年美国大学生数学建模竞赛中获得二等奖；成琛琛等在2017年美国大学生数学建模竞赛中获得三等奖；常永昕在IIW·CWS·Arc Cup 2017国际焊接大赛中获得非熔化极气体保护焊赛项一等奖；沈浩田在IIW·CWS·Arc Cup 2017国际焊接大赛中获得焊条电弧焊赛项二等奖；杜建兴获得熔化极气体保护焊赛项三等奖；西安航空职业技术学院在IIW·CWS·Arc Cup 2017国际焊接大赛中获得团体优胜奖；付麒霖等在金砖国家技能发展与技术创新大赛中获得2017年西门子杯智能制造挑战赛一等奖；郭昊辰等在美国参加"蓝桥杯"大赛中分别获得二等奖、三等奖；肖昌虎等在第八届亚洲机器人锦标赛中国区选拔赛中获得一等奖；郭旭刚等在美国数学及其应用联合会举办的美国大学生数学建模竞赛中获得二等奖；雷自龙等在美国数学及其应用联合会举办的美国大学生数学建模竞赛中获得三等奖；马敬等在2016年西安国际中医美容学术论坛中医美容养生知识竞赛中获得二等奖；白明明在俄罗斯远东区第五届世界技能大赛中获得"汽车专业大师奖"；张涛等在俄罗斯远东区第五届世界技能大赛中获得"移动机器人"项目金牌；王娟娟在第十八届FHC中国国际烹饪艺术比赛中获得一等奖。 |

附表4　服务贡献表

序号	指标	单位	2016年	2017年
1	全日制在校生人数	人	262 264	303 418
	毕业生人数	人	102 491	86 608
	其中：就业人数	人	94 624	77 177
	毕业生就业去向			
	A类：留在当地就业人数	人	64 552	82 138
	B类：到中小微企业等基层服务人数	人	63 577	43 886
	C类：到500强企业就业人数	人	19 331	33 278
2	横向技术服务到款额	万元	2 683.1	8 384.81
3	纵向科研经费到款额	万元	1 793.1	1 021.91
4	技术交易到款额	万元	2 693.74	5 289.07
5	非学历培训到款额	万元	11 497	16 832
6	公益性培训服务	人日	626 021	946 081

附表5　落实政策表

序号	指标	单位	2016年	2017年
1	年生均财政拨款水平	元	9 305	9 475.57
	其中：年生均财政专项经费	元	4 616	4 113.82
2	教职员工额定编制数	人	18 918	16 791
	在岗教职员工总数	人	20 573	21 315
	其中：专任教师总数	人	13 111	13 213
	企业提供的校内实践教学设备值	万元	—	5 488.8
3	生均企业实习经费补贴	元	—	297.98

续表

4	其中：生均财政专项补贴	元	16.9	18
	生均企业实习责任保险补贴	元	—	38
5	其中：生均财政专项补贴	元	3.5	5
	企业兼职教师年课时总量	课时	—	742 964
6	年支付企业兼职教师课酬	元	—	1 238 295.82
	其中：财政专项补贴	元	648	101 891.08